Panduan Cara Memulihkan Sandi

Akun Gmail Google Yang Hilang & Terlupakan Untuk Pemula

by

Muhammad Vandestra & Dragon Promedia Studio

2018

Prolog

Di era teknologi ini, hampir seluruh bagian dan sisi kehidupan anda tersentuh oleh berbagai hal inovatif kreasi teknologi. Tak terkecuali pada bidang teknologi. Jika dahulu anda lebih sering menggunakan telepon rumah untuk menghubungi partner kerja, sekarang anda tak perlu repot lagi, karena dengan bantuan teknologi para innovator kini telah menciptakan suatu media bernama handphone atau smartphone yang jauh lebih mudah dipakai dan tentunya lebih mudah diakses karena memiliki keunggulan di sisi portabilitas.

Dalam hal komunikasi, trendnya pun kini semakin berubah. Dari yang hanya mengandalkan suara, kini mulai banyak juga yang menggunakan metode perpesanan. Jika dulu anda lebih banyak mengandalkan jasa dari pos, maka sekarang anda akan menemukan banyak orang yang lebih tekun melihat dan membaca 'surat' melalui komputer. Ya, inovasi tersebut disebut dengan email.

Seiring dengan pertumbuhan dunia teknologi sendiri, semakin banyak pula developer yang membuat email hosting. Salah satu yang paling banyak digunakan adalah Google Mail atau yang lebih popular dengan sebutan Gmail. Dengan berbagai fitur, Gmail menjadi salah satu hosting email yang paling dicari.

Mengatasi Lupa Kata Sandi Akun Google

Akan menjadi suatu masalah jika anda mengalami lupa kata sandi akun google anda. Karena itulah kami akan memberikan beberapa tips yang dapat anda gunakan untuk mengembalikan akun anda ketika anda mengalami lupa kata sandi akun google anda sendiri.

A. Memulihkan akun Gmail dengan Menginputkan Password Lama

1 Cara ini dapat anda gunakan jika anda merasa masih sedikit ingat akan password terakhir yang anda pakai pada akun gmail.

2 Pertama-tama silakan buka situs gmail (gmail.com). Anda akan langsung diarahkan pada kotak sign in. Isikan alamat email anda kemudian klik **Next**.

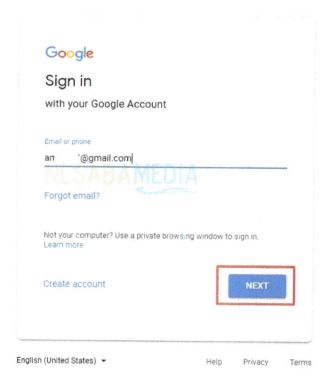

3 Kemudian anda akan diarahkan pada kotak password. Anda diharapkan untuk mengisikan password. Namun karena anda lupa kata sandi akun google anda, maka klik Forgot Password.

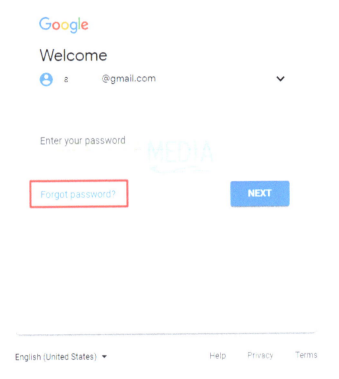

4 Anda lalu akan dihadapkan pada kotak **Account Recovery**. Google akan berusaha membantu anda mengembalikan atau memulihkan akun anda. Pada step pertama ini, Google akan meminta anda menuliskan password terakhir yang anda ingat untuk mengakses akun ini. Silakan isikan password pada kotak tersebut kemudian klik **Next**.

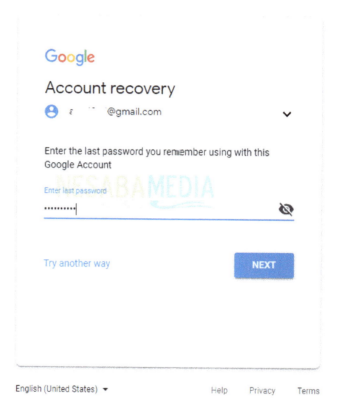

5 Jika anda mengisikan password dengan benar, anda akan langsung diarahkan pada halaman utama akun Gmail anda.

B. Memulihkan akun Gmail dengan Sinkronisasi Smartphone

1 Cara ini akan lebih relevan dan berguna bagi anda yang kebetulan menggunakan gmail yang akun googlenya anda lekatkan pada smartphone, terutama pada android.

2 Pertama-tama pastikan anda menggunakan akun google yang sama dengan yang anda pakai pada android dan akun google yang ada pada smartphone android anda masih aktif.

3 Kemudian buka situs gmail (gmail.com). Anda akan langsung diarahkan pada kotak sign in. Isikan alamat email yang akan anda pulihkan kemudian klik **Next**.

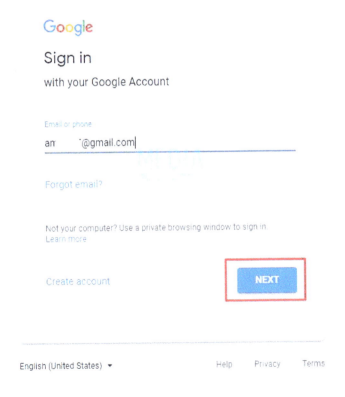

4 Anda akan diarahkan pada kotak password, silakan klik **Forgot Password**.

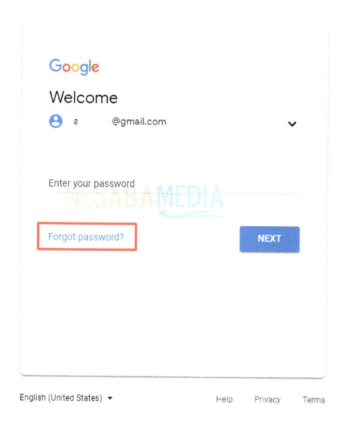

5 Kemudian muncul step pertama dari **Account Recovery**, yakni menginputkan password terakhir yang pernah anda ingat untuk mengakses akun gmail anda. Namun untuk tahap ini, kita anggap anda tidak mengingat passwordnya sama sekali, maka silakan klik **Try Another Way**.

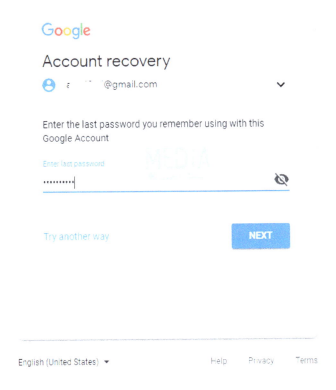

6 Akhirnya anda akan diarahkan pada halaman **Account Recovery** kedua. Pada halaman ini, Google akan secara otomatis mengidentifikasi perangkat lain yang terhubung dengan akun google yang sedang anda akses. Google akan mengirimkan notifikasi ke perangkat tersebut dan meminta anda untuk mengecek perangkat tersebut dan mengidentifikasi apakah benar akun tersebut adalah akun anda.

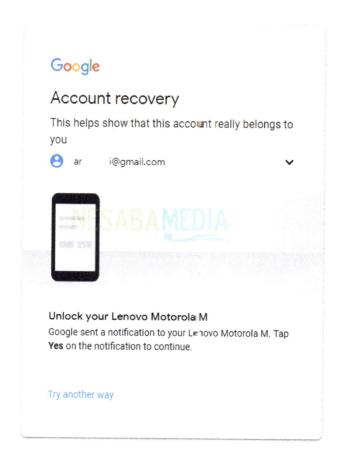

Google

Account recovery

This helps show that this account really belongs to you

👤 ar   ⓘ@gmail.com   ⌄

Unlock your Lenovo Motorola M

Google sent a notification to your Lenovo Motorola M. Tap **Yes** on the notification to continue.

Try another way

7 Silakan akses perangkat anda, maka anda akan menemukan notifikasi yang dikirimkan oleh google seperti gambar di bawah ini. Jika anda merasa akun tersebut memang benar milik anda, maka klik **OK**.

Is it you trying to recover
your account?

ar   @gmail.com

Device
Windows NT 10.0

Near
Lampung, Indonesia

Time
Just now

NO   YES

8 Anda pun akan diarahkan pada halaman utama Google kembali.

C. Memulihkan Akun Google dengan Menginputkan Tanggal Pembuatan Akun

1 Cara ini dapat anda gunakan jika anda dapat mengingat kapan pembuatan akun gmail.

2 Pertama-tama pastikan anda menggunakan akun google yang sama dengan yang anda pakai pada android dan akun google yang ada pada smartphone android anda masih aktif.

3 Kemudian buka situs gmail (gmail.com). Anda akan langsung diarahkan pada kotak sign in. Isikan alamat email yang akan anda pulihkan kemudian klik **Next**.

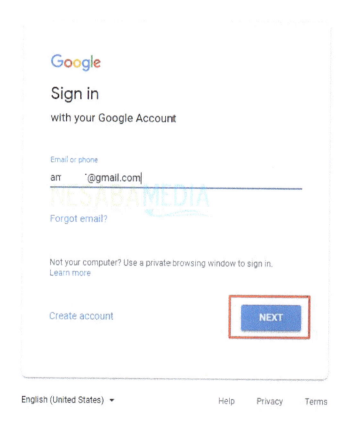

4 Anda akan diarahkan pada kotak password, silakan klik **Forgot Password**.

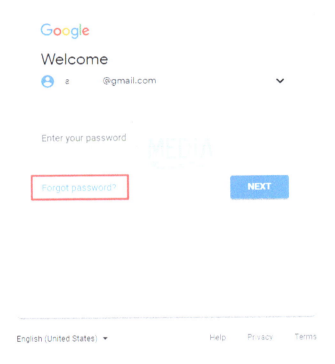

5 Kemudian muncul step pertama dari **Account Recovery**, yakni menginputkan password terakhir yang pernah anda ingat untuk mengakses akun gmail anda. Namun untuk tahap ini, kita anggap anda tidak mengingat passwordnya sama sekali, maka silakan klik **Try Another Way**.

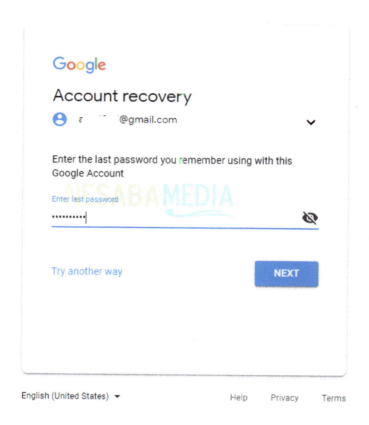

6 Silakan klik **Try Another Way** lagi di halaman berikutnya sampai muncul halaman seperti gambar di bawah ini.

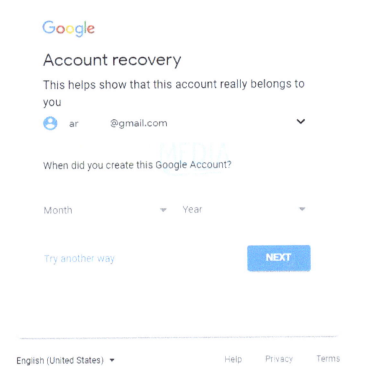

7 Isikan dengan bulan dan tahun pembuatan akun gmail yang ingin anda pulihkan akunnya kemudian klik tombol **Next**.

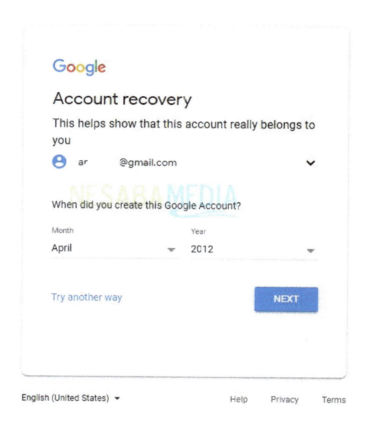

8 Selanjutnya silakan isikan alamat email tempat anda ingin mengirimkan notifikasi pembaruan password kemudian klik **Next**.

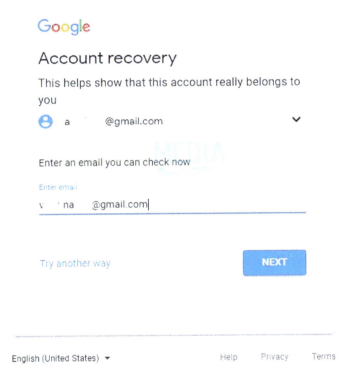

Google

Account recovery

This helps show that this account really belongs to you

a   @gmail.com   ⌄

Enter an email you can check now

Enter email

v   · na   @gmail.com|

Try another way   NEXT

English (United States) ▾   Help   Privacy   Terms

9 Silakan cek inbox di akun email tersebut dan ikuti langkah yang diinstruksikan dalam email tersebut.

D. Memulihkan Akun Google dengan Mengirimkan Email Pemulihan

1 Sebelum anda menggunakan cara ini, pastikan akun email tujuan aktif dan dapat anda akses.

2 Pertama-tama pastikan anda menggunakan akun google yang sama dengan yang anda pakai pada android dan akun google yang ada pada smartphone android anda masih aktif.

3 Kemudian buka situs gmail (gmail.com). Anda akan langsung diarahkan pada kotak sign in. Isikan alamat email yang akan anda pulihkan kemudian klik **Next**.

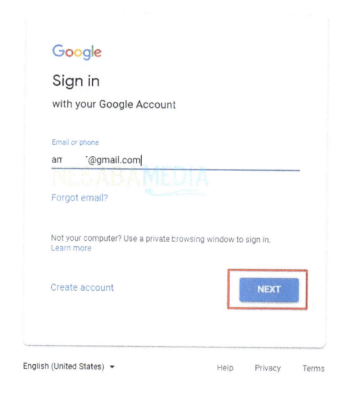

4 Anda akan diarahkan pada kotak password, silakan klik **Forgot Password**.

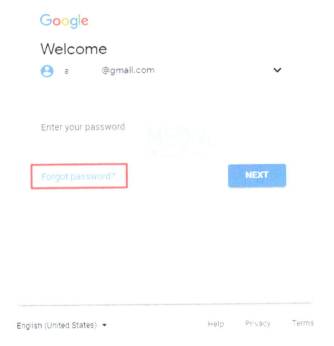

5 Kemudian muncul step pertama dari **Account Recovery**, yakni menginputkan password terakhir yang pernah anda ingat untuk mengakses akun gmail anda. Namun untuk tahap ini, kita anggap anda tidak mengingat passwordnya sama sekali, maka silakan klik **Try Another Way**.

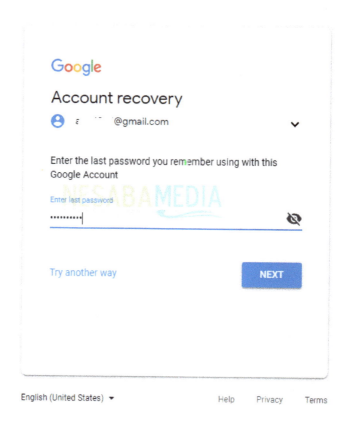

6 Silakan klik **Try Another Way** lagi di halaman berikutnya sampai muncul halaman seperti gambar di bawah ini. Selanjutnya silakan isikan alamat email tempat anda ingin mengirimkan notifikasi pembaruan password kemudian klik **Next**.

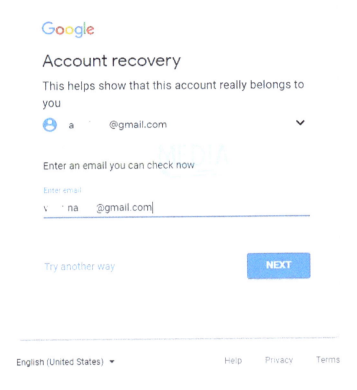

Google

Account recovery

This helps show that this account really belongs to you

🔵 a   @gmail.com   ⌄

Enter an email you can check now

Enter email

v   na   @gmail.com|

Try another way   **NEXT**

English (United States) ▾   Help   Privacy   Terms

7 Silakan cek inbox di akun email tersebut dan ikuti langkah yang diinstruksikan dalam email tersebut.

Email merupakan salah satu media penyampaian informasi yang cukup cepat untuk saat ini. Dan Gmail adalah salah satu hosting email yang paling popular mengingat banyaknya fitur yang ada pada situs ini. Karena itu insiden kehilangan password atau kata sandi tentu merupakan suatu insiden yang tak mengenakkan bahkan tak jarang bisa menjadi hal yang fatal. Karena itulah kami sajikan beberapa tips di atas untuk dapat membantu anda mengatasi insiden tersebut. Semoga beberapa cara mengatasi lupa kata sandi akun google yang telah dijelaskan diatas bermanfaat bagi kita semua.

Biografi Penulis

Muhammad Vandestra has been a columnist, health writer, soil scientist, magazine editor, web designer & kendo martial arts instructor. A writer by day and reader by night, he write fiction and non-fiction book for adult and children. He lives in West Jakarta City.

Muhammad Vandestra merupakan seorang kolumnis, editor majalah, perancang web & instruktur beladiri kendo. Seorang penulis pada siang hari dan pembaca di malam hari, Ia menulis buku fiksi dan non-fiksi untuk anak-anak dan dewasa. Sekarang ia menetap dan tinggal di Kota Jakarta Barat.